Prix : 60 centimes.

L'ANCIEN DIEU

PAR

CONRAD DE BOLANDEN

« Le Ciel est mon trône et la
» terre mon marchepied.

« ISAIE, 66-1. »

PARIS

C. DILLET, LIBRAIRE-ÉDITEUR

15, RUE DE SÈVRES, 15

1872

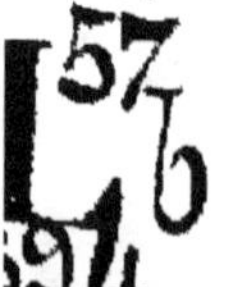

L'ANCIEN DIEU

PARIS

IMPRIMERIE BALITOUT, QUESTROY ET C°,
7, rue Baillif, 7

L'ANCIEN DIEU

PAR

CONRAD DE BOLANDEN

« Le Ciel est mon trône et la
» terre mon marchepied.
» Isaïe. 66-1. »

PARIS

C. DILLET, LIBRAIRE-ÉDITEUR

15, RUE DE SÈVRES, 15

1872

L'ANCIEN DIEU

I

UN PAPE PRISONNIER

Dans un salon richement décoré du château
impérial de Fontainebleau, veillait un page,
le jeune comte de Rethel. Il était beau de visage et fort distingué de sa personne; c'est
ce qui l'avait fait attacher au service parti-
culer du maître de l'univers, Napoléon Ier.
La charmante physionomie du jeune page
était empreinte de mélancolie; ses yeux se
mouillaient de larmes qui tombaient goutte à
goutte sur son élégant costume, tandis qu'il
restait immobile et grave comme un vétéran de
la vieille garde. Cette grande douleur ne peut

être causée que par la vue d'un vénérable vieillard, étendu sur un fauteuil de la salle voisine, et que Joseph de Rethel ne cesse de contempler avec une indicible émotion.

Le vieillard est enveloppé jusqu'aux pieds d'une dalmatique blanche; tout ornement, tout insigne de dignité est absent. Cette tenue si humble, si pauvre, frappe au milieu du luxe des appartements impériaux.

Les traits du noble vieillard portent l'empreinte d'une poignante douleur; le visage est maigre et pâle, les joues creusées et les yeux enfoncés. Mais une sainte quiétude se reflète sur cette physionomie de martyr; et, cette résignation si noble du vieillard attendrit singulièrement l'âme du jeune homme. Cet homme, au long vêtement immaculé, semble crier vengeance contre la tyrannie et l'oppression. Il prie en ce moment, les mains croisées sur son sein, la tête légèrement inclinée. Il semble à l'enfant que la prière de ce vieillard abîmé dans la contemplation du Tout-Puissant, ait une puissance miracu-

leuse : le silence devient solennel, les appartements somptueux se transforment en sanc-
tuaires où Rethel croit sentir la présence de
célestes esprits invisibles. Les larmes du page
se tarissent ; saisi d'un recueillement profond
et d'un pieux respect, il contemple le Souverain-Pontife de l'Eglise, le représentant de
Jésus-Christ sur la terre. Ce veillard est le
Pape Pie VII, depuis quatre ans prisonnier
de Napoléon Ier.

Des pas précipités se font entendre et arra
chent le page à sa muette et ardente contemplation. Bien que le talon des bottes éperon-
nées s'appuie fortement et sans précaution,
les lourds tapis qui couvrent le parquet les
empêchent de troubler le vieillard. Un homme,
portant le riche costume chamarré de maréchal de France, s'arrête sur le seuil de la
porte, et fixe, interdit, son regard sur le Pape
en prières.

L'homme est de petite taille, sa tête est
couverte de cheveux noirs, brillants, rasés.
Son teint bilieux, ses traits beaux et régu-

liers, le menton sans barbe, ressort seul de façon insolite et ne s'harmonise pas avec cette physionomie fine et délicate. Il porte bien l'empreinte d'une volonté de fer. Son regard est doué d'une étrange puissance : imposant, brûlant, perçant tout à la fois; enfin c'est le regard du vainqueur de l'Europe, Napoléon Ier.

Après une courte contemplation, l'Empereur se présente devant son noble prisonnier, en faisant résonner son sabre. Pie VII, relevant lentement sa tête vénérable, reçut son oppresseur avec un doux sourire. Le page approcha un fauteuil à l'Empereur.

« Pardonnez-moi, Saint Père, d'interrompre vos pieuses méditations, » dit Bonaparte en saluant légèrement; « mais il y a urgence. Puisse la paix se conclure entre le Pape et l'Empereur ! Avez-vous trouvé, après mûres et calmes réflexions, que mes propositions d'hier répondent à vos intérêts? »

« Oui, à mon intérêt privé, » répondit Pie VII, « mais non aux obligations du Pape.

Oui, vous mettez fin à cette dure captivité dans laquelle je languis depuis quatre ans ; vous vous engagez à payer annuellement deux millions au Pape ! Mais restituez-vous le patrimoine de saint Pierre ? Vous gardez Rome ! Vous gardez les Etats-Pontificaux ! Je ne puis consentir à ce vol de l'héritage de saint Pierre ! Quand la Providence me choisit, moi indigne, comme représentant du Christ sur la terre, je prêtai ce serment que tout Pape doit prêter : de ne jamais consentir à la spoliation du patrimoine de saint Pierre. Plutôt mourir en captivité que de trahir mon serment ! que de charger ma conscience d'un parjure ! »

« Et moi, » répondit fièrement le vainqueur, « je ne rendrai jamais ce que j'ai conquis par mes armes ! Ne soyez pas ingrat ; » continua-t-il d'un ton de reproche : « la Révolution, en France, avait anéanti la Religion. Les prêtres étaient bannis ou assassinés ! Les siéges épiscopaux brisés, les églises dévastées ! J'ai tout restauré ! j'ai rendu les pasteurs aux paroisses, aux évêchés ! L'Eglise ne doit qu'à moi seul sa renaissance en France. Et le Pape ne m'accorde aucune confiance, à moi, le Restaurateur et le Sauveur de la religion. C'est impolitique, ingrat et même dangereux ! » ajouta-t-il en menaçant.

Le Souverain-Pontife prisonnier fixa son regard doux et calme sur le sombre despote.

« L'intention seule compte devant Dieu, dit gravement le Pape. Le Seigneur vous récompensera si vous rétablîtes la religion en France par amour de la vérité, par obéissance envers le Tout-Puissant. Mais si vous ne fûtes ni volontairement, ni par choix, l'instrument de la Providence, elle ne vous doit rien ! »

« Les paroles de Votre Sainteté ne sont pas très claires ; puis-je en demander l'explication ? »

« Ma franchise blessera Votre Majesté, répondit Pie VII ; vous avez cependant le droit de demander la vérité au Pape ! Le représentant du Christ doit, même dans les fers, même en danger de mort violente, accomplir sa noble mission : annoncer la vérité et sauver les âmes ! »

Il se tut un instant, cherchant sans doute une forme adoucie pour exprimer sa pensée au bouillant et arrogant empereur. Napoléon attendait anxieux, tambourinant continuellement sur les bras du fauteuil, ses deux yeux perçants, fixés comme deux charbons ardents sur le vieillard hésitant.

Le page écoutait toujours. Chaque parole de cet entretien mémorable s'imprégnait profondément dans sa mémoire.

Impatienté, l'Empereur s'écria enfin : « Il paraît en coûter beaucoup à Votre Sainteté de dire la vérité à l'Empereur? »

« La voici, Majesté, aussi brièvement que possible. Vous connaissez les causes de cette révolution qui ruina la France ; elle s'est développée naturellement. La philosphie incrédule, la science impie, la presse gangrenée, ont travaillé pendant cinquante ans à la ruine de l'édifice social. On raillait Dieu et ses lois dans les journaux, les brochures et les ouvrages scientifiques. La religion était ridiculisée! Ce que la science et la presse impie ont semé dans le peuple, germa et grandit. Ses mœurs se corrompirent. Des hautes classes de la société, l'incrédulité, le vice, l'impiété se répandirent dans la grande masse du peuple. Quand la France se fut éloignée du Seigneur, source de tout bonheur éternel et temporel, éclata alors la plus horrible des révolutions. Une armée de furies diaboliques écrasa le pays dans un chaos de sang, de meurtres et de ruines. Tout ordre disparut. Les crimes les plus horribles se commirent en plein soleil; des milliers d'innocents furent massacrés! Vie, propriété, honneur, rien ne fut respecté! Tout devint la proie d'êtres inhumains! Votre Majesté apparut, merveilleusement douée de force et d'intelligence. Vous renversâtes et domptâtes la Barbarie et la Révolution! L'ordre fut partout rétabli. Vous avez reconnu, Sire, que la Religion est la base de tout ordre social, qui ne peut exister sans la soumission au Christ ; c'est pourquoi vous avez rappelé les prêtres exilés et ordonné de prêcher l'Evangile aux Français, dissolus et corrompus. La philosophie athée, la science impie avaient détruit tous les liens de la société, amené la Révolution, en détruisant, par la moquerie, dans le cœur des hommes, la foi et les mœurs chrétiennes. Votre Majesté agit par conscience, en prudent et sage politique, en rétablissant en France l'Eglise, mère de tout ordre social. »

« Ah ! répliqua l'Empereur en riant, je comprends maintenant Votre Sainteté ; ma manière d'agir ne fut que le fruit d'une politique intéressée, non de ma piété. N'ayant travaillé que pour l'Empereur, et non pour Dieu, je n'ai aucune récompense éternelle à attendre ! Oui, continua l'Empereur sérieusement, une religion est indispensable. Il est impossible de gouverner un peuple sans religion. Je ne tolérerai jamais que les mœurs chrétiennes soient publiquement bafouées et reniées ! Un habile homme d'Etat ne le permettra jamais ! Celui qui laisserait déraciner les pieuses croyances populaires verrait s'écrouler sur sa tête tout l'édifice social. — Pourquoi donc alors Votre Sainteté hésite-t-elle à conclure paix et alliance avec le protecteur de la religion ? »

« Vous imposez au Pape un crime contre cette même religion dont vous vous déclarez le défenseur, » répondit Pie VII.

« Je ne partage pas votre manière de voir, répliqua Napoléon ; la puissance temporelle du Pape n'est pas un article de foi. Tout au contraire, je trouve qu'elle est un obstacle à l'accomplissement des devoirs spirituels du Souverain-Pontife. Renoncez à ce pouvoir. Vivez en paix, délivré des soucis du gouvernement, sous les ailes protectrices de l'aigle française. »

« Libre dans les serres d'un aigle, Sire, dit le prisonnier en souriant tristement ; mon propre sort prouve clairement qu'un chef libre de l'Eglise peut seul accomplir ses devoirs. Le Pape ne peut être sujet de n'importe quel monarque ; car ce souverain pourrait abuser de cette dépendance du chef de l'Eglise dans un but tout politique. C'est pourquoi la divine Providence créa aux Papes, dans leurs Etats, un asile pour leur liberté. »

« C'est vraiment merveilleux, dit Bonaparte en souriant ironiquement, tous les princes d'Europe obéissent à mes ordres ; tous les peuples s'inclinent devant mes armes triomphantes ; seul, un vieillard, mon prisonnier, repousse et méprise mon amitié. »

« Pardon ! Sire ; l'amitié de l'Empereur m'est douce et flatteuse, à moi, pauvre et vieux prisonnier ; mais le Souverain-Pontife doit dire à l'Empereur : Ce que vous demandez est injuste, doublement injuste ; car vous exigez une approbation, une autorisation de votre vol sacrilége, de celui même préposé à la garde des enseignements de la foi et de la morale. »

« Parfait ! dit l'Empereur, blessé ; le représentant du Christ s'arroge le droit de dire ouvertement une grossièreté à l'Empereur. »

« Je déplore sincèrement, Sire, que Votre Majesté appelle la vérité une grossièreté. »

« Encore mieux, dit orgueilleusement le maître de l'Europe; puisque vous repoussez mon amitié, éprouvez donc ma haine! »

« Majesté, répondit doucement le Pape, je mets vos menaces aux pieds du Crucifié, et j'abandonne à Dieu le soin de venger ma cause, qui est la sienne! »

« Sotte exaltation! dit l'Empereur furieux; votre Dieu, dont vous vous dites le représentant, n'est que le fruit de la superstition, de l'imagination. »

« Empereur, taisez-vous! dit le Pape en montrant le ciel, l'ancien Dieu vit encore! »

« Que voulez-vous dire par là? »

« Celui qui a dit: Le firmament est mon trône, l'univers mon marchepied, est ici présent et entend vos blasphèmes! »

« Pas de sermon! monsieur le Pape, dit

Napoléon ; que signifient ces paroles : L'ancien Dieu vit encore?..... Est-ce une menace ? »

« Oui, en même temps qu'un paternel et bienveillant avertissement. »

« Signifient-elles, par hasard, que l'ancien Dieu pourrait exécuter la sentence d'excommunication que Votre Sainteté prononça contre moi? »

« L'excommunication fut prononcée, d'après les lois canoniques, contre Napoléon Bonaparte, empereur des Français. Majesté, tous les hommes sont égaux devant Dieu! Les princes aussi sont tenus d'observer les lois du Seigneur. »

Napoléon sourit amèrement, et se promenait dans la salle en faisant résonner ses éperons sur le parquet.

« Et me dire cela en face, à moi-même, est encore une liberté du gouverneur du Christ? »

« Une obligation du représentant de Jésus-Christ, dit gravement le Pape. Qui rappellerait donc leurs devoirs aux potentats de la terre, si ce n'est le Pape ? »

« Assez, dit l'Empereur, vous vous trompez d'époque; nous ne sommes plus au Moyen-Age ! »

Il se promenait silencieusement dans la salle, tout fiévreux de mécontentement et d'inquiétude. « L'ancien Dieu vit encore, dit Votre Sainteté, et qu'attend elle de ce vieux Monsieur ? »

« Je sais que ce Dieu fidèle et tout puissant tient parole, » dit le Pape.

« Que vous a promis ce fidèle et puissant Dieu ? »

« Il a promis à son Eglise aide et protection contre ses ennemis, et sa durée jusqu'à la fin des siècles, » répondit solennellement le Saint-Père.

« C'est une grande promesse, nous verrons ! Je suis mécontent du Pape et de l'Eglise de cet ancien Dieu. Je veux fonder une religion d'Etat à mon gré; le Chef suprême en sera l'Empereur et non le Représentant du Christ ! »

« Vous outrepassez votre pouvoir, Sire ! »

« Je puis tout en Europe, dit le superbe ; excepté faire fléchir l'entêtement d'un vieil homme qui s'intitule Représentant du Christ : qu'il meure donc dans son entête- ment et dans les fers ! »

Le Pape se redressa menaçant ; un céleste courroux animait ses traits vénérables.

« Permettez, Sire, que je vous ouvre le livre du monde et vous y montre la main qui vous écrasera ? »

L'Empereur fixa étonné, ce vieillard subi- tement transformé, se levant devant lui, comme un prophète de l'ancienne alliance, inondé de lumières surnaturelles. Et l'œil de Napoléon, qui commandait les armées et éveillait la terreur dans le cœur des soldats, se fixa tremblant vers la terre ! « Parlez, j'écoute » dit-il en s'inclinant légèrement.

« Vous menacez de faire mourir le Pape en prison ; de persécuter et d'anéantir l'Eglise ; de fonder une religion d'Etat, » continua Pie VII. » De plus puissants souverains que vous l'ont essayé vainement. Les empereurs romains, maîtres de l'univers, ont persécuté l'Eglise pendant 300 ans. Ils ont tenté d'anéantir la doctrine du Christ, tué les Papes, martyrisé les fidèles. Quel résultat atteignirent ces puissants empereurs, par une persécution de 300 ans, par une cruauté inouïe et le massacre de douze millions de chrétiens? Juste le contraire de leurs desseins. La Doctrine du Christ ne fut pas déracinée ! La persécution ne fut qu'un ouragan qui porta la semence de la parole divine dans les pays les plus éloignés; de nouveaux chrétiens naquirent du sang des martyrs! D'où provint cette miraculeuse apparition? Simplement de ce que cet ancien Dieu, dont se moque Votre Majesté, tint sa parole de protéger l'Eglise contre tous ses ennemis, contre les puissances mêmes de l'enfer. Où sont aujourd'hui ces maîtres de l'univers, les empereurs romains? Ils ont disparu depuis longtemps avec leur empire! L'aquilon a dispersé la poussière de leur trône; les autels du paganisme sont renversés, mais l'Eglise est debout! Feuilletez plus avant dans les annales de l'histoire. Au Moyen-Age encore, plus d'un bras menaça la Papauté. Des assauts terribles furent livrés à l'Eglise et à son Chef suprême; mais ce bras divin qui protége l'Eglise, en écrasa les ennemis. Majesté, Le Directoire a traîné en captivité mon prédécesseur, le Pape Pie VI, et l'a laissé périr dans les fers. Vous, vous me gardez prisonnier depuis quatre ans. Oh! j'ai souffert cruellement! Plus d'une fois la mort sembla vouloir mettre fin à mes douleurs! Cependant je vis encore! Oui, je vis pour être témoin quand l'ancien Dieu vous écrasera aussi, dès que la mesure sera pleine! Vous partagerez bientôt la destinée de tous les persécuteurs de l'Eglise! »

Le Pape retomba épuisé sur son siége, l'Empereur restait là les bras croisés, ses regards sauvages fixés sur le vieillard. Le page, dans l'antichambre, tremblait de tous ses membres; le Saint-Père lui apparaissait tout resplendissant comme un être d'un ordre supérieur ; Napoléon, au contraire, terrible et sombre comme un esprit de ténèbres.

« L'apogée de l'orgueil sacerdotal, s'écria le conquérant exaspéré ; l'ancien Dieu n'écrase que les fous, mais respecte un César ! Mais vous, Monsieur le Pape, ma colère vous détruira ! »

II

L'EMPEREUR PRISONNIER

Et furieux, il quitta brusquement la chambre.

Deux ans plus tard, Napoléon, maître naguère de l'univers etait prisonnier à Sainte-Hélène! L'île est déserte, inhospitalière! Pas de forêts! pas de bosquets ombreux et touffus! partout des rochers, des ruines volcaniques! pas de terres cultivées! un cachot effrayant en plein Océan!

Sur les bords de la mer un saule pleureur abrite sous son feuillage l'Empereur prisonnier. Il reste là des heures entières, contemplant l'Océan et son immensité!

Napoléon est extraordinairement sombre aujourd'hui. Le général Bertrand, son unique confident, le compagnon volontaire de son lointain exil et le jeune page, comte J. de Rethel, remarquent avec anxiété la douloureuse préoccupation du détrôné !

Tout à coup s'adressant au page : « N'étais-tu pas là, à Fontainebleau, quand Pie VII me prédit mon sort ? »

« Oui, Sire, j'étais présent ! »

« Te rappelles-tu encore la circonstance ! »

« Oui, Sire, je ne l'oublierai jamais ! le Pape n'apparut plus à mes yeux comme un simple mortel ! »

« Comment donc ? »

« Comme le Représentant de Dieu sur la terre ! »

« Bien dit, mon enfant ! Ce que je raillais alors me paraît réel aujourd'hui ! Oui, en vérité, le Représentant de Dieu. »

Il se tut un instant et parut sonder les abîmes de la mer.

« Et son discours, te le rappelles-tu aussi? »

« Oui, Sire ! le Saint-Père dit : « L'ancien Dieu vit encore. » Il vous prouva alors, par l'histoire universelle, comment Dieu écrasa les persécuteurs de l'Eglise, princes payens et chrétiens ; tandis que le Pape et l'Eglise restaient debout, immuables ! »

« Continue, Joseph, continue, dit Napoléon, » voyant le jeune comte s'arrêter indécis, hésitant.

« L'ancien Dieu écrasera Votre Majesté, si elle ne cesse de persécuter l'Eglise ; car il tient sa parole et ne cesse de la protéger, ainsi que son Représentant sur la terre. La mesure est comble, dit Pie VII, vous partagerez bientôt le sort de tous les persécuteurs de l'Eglise. »

« Le Pape ne fut pas faux prophète ! mon sceptre ne fut pas brisé par les hommes ce fut l'œuvre du Tout-Puissant. Fou que j'étais de me laisser éblouir par mes brillants succès ! L'histoire de dix-huit siècles eût dû me prouver que toute puissance vient se briser au rocher de Pierre ! l'ancien Dieu existe toujours pour anéantir les oppresseurs de son Représentant. »

« Je ne discute pas, Sire, dit le général Bertrand, ce fut bien par ordre de Dieu, que ces terribles hivers abimèrent l'armée en Russie, mais Leipsick a tout décidé !»

« Dieu seul dirige les batailles, dit l'Empereur. On a le temps de réfléchir, général, dans ce désert au milieu de l'Océan. Le malheur m'a rendu clairvoyant. Mes défaites, ma ruine, ma captivité! tout provient de ma persécution du Chef de l'Eglise. Pie VII a raison : Le Tout-Puissant seul, protecteur du Saint-Siége, a détruit mon trône ! »

Bertrand ne répliqua plus. L'Empereur retomba dans ses sombres méditations.

« Je proclamai en Egypte un Dieu qui n'a point de fils, dit-il après un long silence. J'adore aujourd'hui la divinité de Jésus-Christ. Un Juif, en apparence fils d'un charpentier, se donne pour un Dieu, être suprême, créateur de toutes choses. Il prouve sa divinité par de nombreux miracles. Mais, plus que ses miracles, les succès de Jésus me prouvent sa divinité. On admire les conquêtes d'Alexandre-le-Grand! Mais que sont-elles, comparées à celles du Christ? Rien. Bien qu'Alexandre ait conquis l'univers, ses conquêtes étaient passagères. Jésus, lui, conquiert et s'attache non pas une nation, mais toute la race humaine. Ses conquêtes s'étendent sur dix-huit siècles et, selon toute apparence, s'étendront jusqu'à la fin des siècles. Et que prend Jésus à chaque homme? Ce qui se gagne le plus difficilement : le cœur! Ce que demandent souvent en vain le sage à quelques amis, le père à ses enfants, l'époux à l'épouse, le frère à son frère, le cœur! l'amour! Jésus le conquiert par millions depuis dix-huit siècles. N'est-ce pas là un miracle surpassant tous les miracles? Alexandre, César, Annibal, avec tout leur génie, n'ont jamais atteint ce but. Ils ont conquis l'univers, mais ils n'ont jamais su conquérir un cœur d'homme! Et le Christ? les cœurs de milliards d'individus lui appartiennent depuis dix-huit siècles; des millions se sont laissé martyriser pour lui! des millions acceptent volontairement son joug, supportent pour lui les plus dures privations! Qui méconnaîtrait, à ce grand miracle du Christ, la parole divine qui créa l'univers. »

« Certainement, ajouta Bertrand, quand on y réfléchit sérieusement, la continuité ici-bas du règne de Jésus-Christ, fondé surtout sur la souffrance et les épreuves, est un miracle perpétuel. »

« Général, vous le savez, j'ai exalté les bataillons qui mouraient pour moi. Mais il leur fallait ma présence, mon regard magnétique, ma voix. Je n'ai pas le secret d'éterniser mon nom, ma mémoire dans les cœurs. Je suis maintenant à Sainte-Hélène. Où sont les courtisans de mon malheur? où sont mes amis? Deux ou trois, immortels par votre fidélité, vous partagez mon exil! Encore un instant, et mon cadavre, rendu à la terre, sera la pâture des vers! Quel abîme entre ma profonde misère et le règne éternel du Christ qui est annoncé, prêché, aimé, adoré par toute la terre. Il vivra pendant des siècles dans des milliards de cœurs. Peut-on appeler cela mourir? N'est-ce pas vivre plutôt? Ce règne merveilleux du Christ prouve surabondamment sa divinité. Mais si le Christ est Dieu, son Église est divine. Son bras tout-puissant la protégera, aucune puissance de l'enfer n'en triomphera. Que ne puis-je crier à tous ceux qui ont le pouvoir sur la terre : Respectez le représentant du Christ ; n'insultez pas, n'opprimez pas le Pape, sans quoi la main vengeresse du divin Protecteur du successeur de Pierre vous écrasera et vous brisera ! »

L'Empereur se tut. Le vent souffla dans les feuilles tremblantes du saule, et les vagues de l'Océan, se brisant contre les rochers, applaudirent aux paroles impériales.

III

L'ENNEMI DU PAPE, NAPOLÉON III

En 1864, le comte Joseph de Rethel lisait une lettre. Le beau page est devenu un homme respectable. Napoléon III, empereur des Français, estimait le comte, parce qu'il avait été au service de son oncle, et en avait partagé l'exil. Rethel s'était considéré presque comme un membre de la famille impériale, et sa parole était écoutée dans le Conseil. Cependant le comte ne voulut jamais accepter un emploi public. Il refusa opiniâtrement les places les plus enviées, les honneurs les plus brillants. Il vivait retiré et en famille, étudiait beaucoup et avait peu de goût pour le mouvement et l'agitation de la capitale du monde civilisé.

Il disait souvent à l'Empereur : La France s'agite de nouveau sur une pente rapide. La presse est sans frein, anti-religieuse, corruptrice des mœurs; le peuple devient impie. Votre illustre oncle ne l'eût pas souffert, par politique humaine.

Le comte était trop vertueux pour vouloir accepter quelque responsabilité du système gouvernemental de l'Empereur; il refusait donc tout emploi.

Le comte passe l'été dans ses terres, et s'il se trouve aujourd'hui en juillet à Paris, c'est que l'on vend de riches et magnifiques peintures qu'il veut acheter. Le second jour de son arrivée à Paris, le comte reçut une lettre qui lui causa une profonde émotion; ses mains tremblèrent, son visage pâlit, ses regards voilés se fixèrent avec angoisses sur le papier; il l'écarte de lui et reste immobile. Est-ce possible? Non, non, cela ne peut être, s'écria-t-il en reprenant le fatal papier.

Il relut sa lettre et, sonnant avec force, il commanda sa voiture.

Le comte fit rapidement sa toilette et montant en équipage, il se dirigea en toute hâte vers le palais impérial. Là, traversant sans s'arrêter, les vestibules, les salons et les appartements de gala, il pénétra dans le cabinet de Napoléon.

Un homme corpulent, de taille moyenne, était assis à une table et écrivait. Cet homme avait presque l'apparence d'un cadavre jaune, immobile, sans vie et sans expression. A voir cette physionomie si froide, si dure, si inanimée, on l'eût cru taillée dans la pierre.

Une épaisse moustache tombait sur les lèvres, comme si elle eût dû en cacher la laideur. Les yeux petits, tantôt louches, tantôt perçants, disparaissaient souvent sous les paupières. L'apparition était désagréable, repoussante. Cet homme était Napoléon III, alors à l'apogée de sa puissance. Il avait humilié la Russie, vaincu l'Autriche, fondé le royaume d'Italie sur les ruines de plusieurs

principautés, occupé Rome, dirigé et toléré
la spoliation du Saint-Siége.

Tout l'univers était attentif aux ordres du
potentat; quand Napoléon fronçait le sourcil,
tous les cœurs tremblaient et les valeurs bais-
saient sur toutes les Bourses et marchés d'or
de l'Europe.

« Comment, mon cher Rethel à Paris, dit
Napoléon au comte qui entrait et dont il re-
marqua de suite la vive agitation. »

« J'y suis par hasard, Sire! ou plutôt par
une inspiration de la Providence qui m'a
conduit ici en ce moment. »

Les petits yeux de Napoléon se fixèrent en
interrogeant sur Rethel, qui prit un siége
sur un signe du maître.

« Vous semblez ému, cher comte, cependant aucun malheur? »

« Pas de malheur personnel, Sire, mais un
grand malheur vous menace, vous, votre
famille et la France! »

Un peu de vie parut sur le visage immobile
de l'Empereur, et ses traits, ordinairement

impassibles, exprimèrent quelque surprise.

« Pardonnez-moi, Sire, ma fidélité, mon dévouement me dictent une démarche opposée à l'étiquette des cours. »

« Pas d'excuses, comte Rethel, j'apprécie le zèle et la loyauté ; votre passé vous place dans le cercle de la famille impériale. Dites-nous donc ce qui vous inquiète ? »

« Sire, vous voulez livrer le Pape, abandonner à ses ennemis le Saint-Père de la chrétienté ! »

Les yeux de Napoléon disparurent dans leur orbite, et son grand corps, dépassant la table, ressemblait de loin à une statue de marbre, recouverte de vêtements.

« Quels rêves et quels brouillards ont égaré votre esprit et inspiré de telles suppositions ? »

« Une lettre d'un ami m'annonça ce péril menaçant ? »

« Quel est cet ami ? »

« Permettez-moi, Sire, de ne pas exposer mon ami au ressentiment de l'Empereur ? »

.« Ce n'était que simple curiosité, dit Napoléon avec indifférence, il me serait impossible de disgracier un ami du comte Rethel. Du reste, ce qui est encore un mystère aujourd'hui, sera bientôt annoncé à l'univers par tous les journaux. Un traité est conclu entre moi et l'Italie.

» Cet accord dit, en effet, que les troupes seront rapatriées dans deux ans. Mais personne n'a le droit d'en tirer la conséquence que j'abandonnerai le Pape à ses ennemis. »

« Sire, je vous en conjure, ne signez pas ce traité, supplia le comte. Vous connaissez la haine invétérée des sociétés secrètes italiennes contre le Chef de l'Eglise. Le départ de nos troupes de Rome sera le signal, pour tous les ennemis de l'Eglise, de tomber sur Pie IX, privé de défenseurs ! »

Napoléon, lui-même membre de ces sociétés, connaissait leur haine et comprenait que Rethel disait la vérité. Cependant il feignit l'étonnement. « Je ne vous comprends pas ; nos troupes ne peuvent garder éternellemen le Pape. L'occupation de Rome par la France éveille incessamment la jalousie de toutes les puissances. Non, cet état doit cesser! La sainteté de son ministère, la vénération de sa personne, défendront aussi bien le Pape que nos baïonnettes. »

« Pardon, Sire, les ennemis de la foi catholique ne reconnaîtront jamais la sainteté de la Papauté. Si vous rappelez nos troupes de Rome, Pie IX sera prisonnier, peut-être martyrisé! Mais vous vous perdrez vous-même, Sire, votre famille et la France entière! »

« Quelle singulière prétention, comte, comment arrivez-vous à si étrange conclusion? Comment la destinée de la Papauté est-elle liée à celle de la France, de ma famille? »

« Par des liens très étroits, Sire; si votre oncle n'eût pas persécuté l'Eglise et emprisonné le Pape, il ne fût pas mort en exil.

« Cher Rethel, votre manière de voir est incompréhensible. Croyez-vous donc que les

puissances firent la guerre à mon oncle pou
délivrer le Pape prisonnier ? »

« Non, Sire, je ne le crois pas. Les hommes
n'ont pas vaincu votre illustre oncle ! mais ce
bras puissant qui protége l'Eglise et son Chef.
Les princes alliés ne furent que les instru-
ments de la justice divine. »

L'Empereur considéra attentivement le
comte, dont la raison lui semblait ébranlée.

« Mon assertion vous paraît singulière ;
mais j'en ai les preuves. »

« Puis-je les connaître ? »

« Avec plaisir, Sire ! »

Le comte raconta l'entrevue de Pie VII et
de Napoléon à Fontainebleau. Ce récit parut intéresser vivement l'Empereur. « Quand
Pie VII, ajouta Rethel, eut prouvé par l'histoire que Dieu renverse et anéantit les oppresseurs des Papes, il avertit votre oncle par
de solennelles paroles. Je ne les oublierai jamais. La figure imposante de ce vénérable
vieillard me sera toujours présente. « L'ancien
Dieu vit encore, s'écriait-il, et je verrai

comment ce Dieu vous écrasera ! La mesure est pleine ! Bientôt vous partagerez le sort de tous les persécuteurs de l'Eglise ! » Pie VII prophétisait alors, et deux ans à peine écoulés, ses prophéties étaient accomplies ! »

« C'est intéressant, dit Napoléon, et le hasard s'est chargé de donner singulièrement raison aux menaces du Pape ! »

« Le hasard n'existe pas, Sire. Il ne nous est plus permis de douter quand les faits historiques témoignent de façon irrécusable que Dieu est le protecteur de son représentant sur la terre. »

« Je ne puis, malheureusement, partager votre croyance. »

« Votre oncle ne crut pas non plus à Fontainebleau, mais il crut à Sainte-Hélène ! Puis-je vous dire comment il s'exprimait dans l'exil? »

« Vous connaissez ma vénération pour toutes les paroles de l'immortel Empereur, dit Napoléon. »

« Le grand exilé a répété mainte fois : « Que

ne puis-je crier à tous les puissants de la
terre : Honorez le Représentant du Christ. Ne
blessez pas, n'opprimez pas, ne persécutez
pas le Pape, sans quoi le bras tutélaire du
Protecteur de Saint Pierre vous écrasera. »
L'Empereur parlait ainsi à Sainte-Hélène, et
moi j'ai le bonheur, aux jours difficiles, de
vous répéter ces paroles d'un grand génie. »

« Les souffrances de la maladie, de l'exil
ont pu affaiblir le jugement de l'Empereur, dit
Napoléon. »

« Votre oncle assurait au contraire que le
malheur avait agrandi sa vue?

« Cependant son opinion est en contradic-
tion avec le cours des événements, dit l'Empereur ; depuis bien des années, la Russie opprime l'Eglise, le Pape? Où reste donc le bras
vengeur du Saint-Siége ?

« Pardon, Sire, la Russie n'a jamais chassé,
emprisonné, ni livré le Pape à ses ennemis.
Ayez de plus la bonté d'établir une différence
entre la Russie, à demi-barbare et schismati-
que, et la France, éclairée, catholique. La

Russie ne croit pas au Pape, elle n'est pas appelée à protéger l'Eglise. Mais la France, dont la science est plus élevée, a aussi une plus grande responsabilité. Du reste, il ne peut échapper à votre regard éclairé qu'en Russie commence aussi à germer la sentence qui doit la frapper un jour, en punition de son schisme obstiné et de son inimitié perpétuelle contre le Souverain-Pontife des peuples. »

« Je ne discuterai pas cette question avec vous, comte. » .

« Votre oncle ne fut pas seul à regarder comme opposée au bien de l'Etat toute persécution contre le Chef de l'Eglise. Un autre grand prince moderne, le célèbre roi de Prusse, Frédéric-le-Grand, le déclarait aussi. Il était poète, et mettait en vers ce qu'il voulait léguer à la postérité avec quelque solennité. On trouve ce qui suit dans son testament :

« Laissez en repos les Jésuites, qui ont déjà tant souffert.

» Laissez en paix le clergé. Ne menacez pas le Pape avec les armes.

» Laissez-le agir en repos, sans quoi de dures épreuves vous attendent. »

« Le testament de ce roi de Prusse n'a pas de valeur pour nous, dit froidement l'Empereur. Brisons là. Je vous remercie du témoignage de votre sincère attachement. »

« Majesté, je vous en conjure, ne méconnaissez pas la gravité de la situation, s'écria le comte tout ému. Le traité projeté, qui livrerait le Pape à ses ennemis, plongerait la France dans le malheur. Je suis profondément convaincu de la vérité que Pie VII proclamait à Fontainebleau et que votre oncle admit plus tard. La France fut cruellement punie de son sacrilége envers le Saint-Siége par l'invasion des nations étrangères. Dieu étant immuable, les mêmes causes amèneront les mêmes effets. Si la France permet que Pie IX soit spolié entièrement, soit abandonné, emprisonné, et peut-être mis à mort, ce qui ne peut arriver que par la volonté de

Votre Majesté; eh bien, alors!....» Il hésita et se tut.

« Qu'arrivera-t-il? insista l'Empereur.»

« Les nations étrangères envahiront, dévasteront la France! Votre Majesté partagera le sort de son oncle. »

Les yeux de Napoléon disparurent encore une fois, et il ressembla de nouveau à une statue de marbre.

« Vous paraissez, comte, ne pas bien connaître la situation actuelle. La France est reine et maitresse en Europe. »

« N'oubliez pas, Sire, que les situations peuvent changer; que le Tout-Puissant seul dirige nos destinées. »

« Assez, comte, je vous remercie. »

« Au risque même de vous déplaire, Sire, je répète ma prière. Ne livrez pas le Saint-Père à ses ennemis! L'ancien Dieu vit encore! Rappelez-vous les paroles de votre oncle : « N'opprimez pas le Représentant du Christ, car le bras vengeur vous écraserait! »

L'Empereur se leva et congédia le comte par un geste de mécontentement.

« Le vieux fou, dit Napoléon irrité. Les circonstances imprévues ont empêché mon oncle d'accomplir son œuvre; il devrait m'en arriver autant. Appuyer contre mes intérêts le siége vermoulu du Saint-Père; non, assurément. Les siècles marchent! Ce qui fut la vénération du passé pâlit et s'écroule aujourd'hui. Pas un politique ne voudrait sauver ce qui périt! » Il réfléchit un instant, puis prenant la plume, il écrivit encore et signa.

IV

NAPOLÉON III, DÉTRÔNÉ ET PRISONNIER

Cinq ans plus tard, le comte Rethel séjournait au château de Bellevue, près Sedan, chez son ami d'Amour. Napoléon avait déclaré la guerre à l'Allemagne. La plupart des Français comptaient sur la victoire ; le comte, lui, secouait sa tête blanchie par les ans. « Nous ne pouvons vaincre, disait-il tristement. L'Empereur et la France ont commis un grand sacrilége. Il y a un vengeur! »

« Je ne vous comprends pas, ami Joseph, disait d'Amour. Nos soldats valeureux marchent avec enthousiasme au combat; ils espèrent passer le Rhin en peu de semaines, marcher sur Berlin. Et vous, original, vous prophétisez des défaites et des mal-heurs. »

« J'ai mes raisons, cher Bernard; Napo-léon partagera le sort des princes qui oppri-ment, persécutent et spolient le Représen-tant de Jésus-Christ. »

« Ah! vous revenez à cette entrevue de Pie VII et de Napoléon à Fontainebleau, qui fit si grande impression sur le jeune page, » dit le châtelain de bonne humeur. « Je reconnais que Dieu brisa le sceptre du grand Napoléon, parce qu'il emprisonna le Pape, et voulut le transformer en une machine politique. Mais ce fait doit-il se renouveler ? vous êtes trop craintif! »

« L'ancien Dieu vit encore, d'Amour, ré-partit le comte, et, aussi vrai qu'il est im-muable en son être, qu'il est le protecteur du siége de Rome, aussi vrai il écrasera de son bras vengeur l'ennemi artificieux, le persécuteur du Saint-Siége. »

« Mais alors, le châtiment devrait éclater d'abord en Italie et sur son roi ! »

« L'Italie, il est vrai, périra misérablement. Elle récoltera avec son roi ce qu'elle a semé ; mais Victor-Emmanuel n'est pas l'auteur des bouleversements en Italie, des spoliations du patrimoine de Pierre, mais bien Louis-Napoléon, empereur des Français. »

« Mais Napoléon, dit le châtelain, n_ semble moins coupable envers le Pape que ne le fut son oncle ! L'empereur actuel a même protégé le Pape, pourquoi serait-il puni ? »

« Protégé le Pape ! Grand Dieu ! s'écria douloureusement le comte, comment avez-vous pu vous laisser éblouir par l'apparence trompeuse des faits ? Napoléon III, je vous le dis, en vérité, a bien plus nui au Saint-Siége que Napoléon Ier. L'oncle traîna, il est vrai, le Saint-Père en captivité, il employa la violence et la force. Le neveu, au contraire, agit sournoisement, artificieusement, hypocritement. Sa politique, pleine de ruses, est seule coupable de la spoliation du Père de la chrétienté! Interrogez votre mémoire! La presse officielle de Napoléon III n'a-t-elle pas cherché à prouver, pendant des années, l'impossibilité du pouvoir temporel du Pape? L'Empereur n'a-t-il pas lui-même lancé un écrit dans le monde, par lequel il restreignait le domaine papal à un jardin et à un palais! N'a-t-il pas prêté au brigand italien l'appui du puissant bras de la France? Par conséquent, Napoléon III a aidé, favorisé les brigands italiens; il est le destructeur de la liberté papale. Et pour ce sacrilége, la colère céleste le frappera, lui et toute la France. »

« Vous n'avez pas tout à fait tort, dit d'Amour pensif. Depuis que l'Empereur a signé ce traité maudit avec l'Italie, et enlevé à Pie IX la protection de la France, l'étoile de l'Empereur a pâli, elle est à son déclin! »

« Comme j'ai conjuré l'Empereur de ne pas signer ce traité! comme je l'ai supplié de ne pas livrer le Saint-Pontife! Tout fut inutile! Il ne croit pas à la providence de

Celui qui protége l'Église. Il n'apprendra que trop tôt que l'ancien Dieu existe encore, et que sa colère et sa puissance frappent ceux qui oppriment son Eglise ! »

« Mais, en admettant la culpabilité de Napoléon, la souveraine justice peut-elle rendre toute une nation responsable des péchés de son prince ? »

« Tel prince, tel peuple, dit Rethel ; la France eût pu forcer l'Empereur à régner chrétiennement. Mais elle laissa commettre toutes les injustices. Une bien faible minorité de la nation protesta contre la corruption religieuse. Qui favorisa l'impiété, la démoralisation ? Encore Napoléon III. Il laissa agir et corrompre une presse aussi impie que celle des philosophes du XVIII° siècle. Et l'armée, comme l'Empereur l'a laissée se gâter et lui a enlevé tout sentiment chrétien. Le système actuel est tel, qu'un officier catholique pratiquant ne peut obtenir d'avancement. Dans l'armée règne un paganisme éhonté ! Napoléon fit corrompre, démoraliser la France ! N'est-ce pas là une persécution de l'Eglise? Si je n'étais convaincu depuis longtemps que de cruelles et publiques persécutions nuisent moins à l'Eglise que des manœuvres secrètes, artificieuses, le règne de Napoléon me l'eût prouvé victorieusement. La France déchue est égarée loin des voies du Seigneur; c'est pourquoi elle sera châtiée, humiliée! L'ancien Dieu vit encore! »

« Comme vous avez trois fils à l'armée, la croyance en notre défaite doit vous rendre bien malheureux, mon ami. Reprenez courage! Ayez confiance dans la bravoure de nos soldats! dans le génie de nos généraux! »

« Bravoure et génie sont inutiles quand le Tout-Puissant a prononcé la sentence du châtiment, répondit le comte. L'Allemagne ne dût-elle envoyer contre nous qu'une armée d'enfants, nous succomberions encore! Vous souriez, mais attendez. »

Les tristes pressentiments du comte ne furent que trop tôt réalisés! Les victoires des Allemands se succédaient rapidement : Wissembourg, Wœrth, Sarrebruck, les deux sanglants combats de Metz! Enfin les masses armées entourèrent Sedan! Un terrible combat commença! Le tonnerre de milliers de canons déchirait les airs et faisait trembler la terre! Le château de Bellevue frémissait aussi ! ses vitres volaient en éclats. d'Amour était dans la plus grande exaltation ! Le comte Rethel, triste, résigné, s'écriait : « Que la volonté de Dieu soit faite ! Seigneur, protégez mes fils, et éveillez mon pauvre pays à une vie nouvelle ! »

Le 2 septembre, un officier français vint annoncer à d'Amour, tristement surpris, que l'empereur Napoléon allait avoir, au château de Bellevue, une conférence avec le roi de Prusse.

« Sa Majesté sera ici à dix heures, » dit l'officier en remontant à cheval et en s'éloignant précipitamment. D'Amour se précipita chez le comte. « L'Empereur arrive chez moi et rien n'est prêt pour le recevoir! Les troupes ont dévoré toutes mes provisions, bu ma dernière bouteille de Champagne! Que faire? ami, vite un conseil! »

Le comte resta calme; rien ne vint troubler sa sombre gravité! « Mon cher Bernard, pour qui des rafraîchissements, des préparatifs? Un empereur, croyez-moi, n'a besoin de rien à l'heure qui va sanctionner sa chute et sa captivité! » d'Amour, éploré, s'écriait : « Hélas! dans ma maison, sous mon toit, l'empereur des Français doit rendre son épée humiliée à l'orgueilleux vainqueur! Quelle honte? quelle dégradation! »

Et, se couvrant le visage de ses deux mains, il pleura amèrement.

« Courage, ami; il devait en être ainsi! Ce que nous allons voir est poignant, saisissan mais en même temps divin et providentiel; car c'est une sentence du Tout-Puissant qui va s'accomplir! Oui, l'ancien Dieu, protecteur du Saint-Siége, vit encore! »

Un équipage, entouré d'une suite à cheval,

approchait du château. Napoléon descendit de cheval en s'appuyant sur le bras d'un géral. Il portait l'uniforme de maréchal de France, et paraissait souffrant, abattu, vieilli en une nuit. Le maître du château salua par quelques paroles brèves son illustre hôte, qui remercia par un signe de tête. Il monta, brisé de corps et d'esprit, l'escalier de son appartement. Il s'arrêta tout à coup devant un homme austère, imposant, qui s'inclinait en silence. « Est-ce bien vous, comte Rethel? » dit l'Empereur tout ému. « Je le suis, Sire. » — « Vous accompagnâtes mon oncle en exil et en captivité? » Et il pressa son front de ses deux mains. « Sire, s'écria le comte suffoqué par la grandeur de cet instant décisif, je succombe devant la grande vérité de ces paroles de la Bible : Il est terrible de tomber aux mains du Seigneur irrité. » — « Oui, comte, et vous avez le droit de me le dire, car vous n'épargnâtes pas les avertisse-ments aux jours de ma puissance. Que n'ai-je alors cédé à vos supplications en faveur du

Pape, je ne serais pas ici aujourd'hui ! Mon oncle avait raison de dire : « Ne blessez ni n'opprimez le Pape, si vous ne voulez pas être écrasé par le bras tout-puissant du Protecteur de l'Eglise ! » Mon sort en est une nouvelle preuve. »

L'Empereur murmura ces paroles, s'arrêta un instant et disparut. Il attendit dans son appartement l'arrivée du vainqueur. Le cortége impérial, divisé en groupes désolés, gardait la cour. Napoléon montrait parfois à une fenêtre son visage bouleversé ; il semblait succomber sous le poids des événements ! Le temps s'écoulait. Le vainqueur n'arrivait pas ! Quatre heures — une cruelle éternité pour Napoléon — se passèrent. A deux heures sonnant, des hussards envahirent le parc et se rangèrent en bataille. Les tambours battirent aux champs dans le lointain ; des hurrahs retentissants se prolongeaient dans la campagne. Le royal vainqueur parut entouré de princes, de seigneurs. Napoléon, quittant son appartement, vint sur la terrasse au devant du roi. Les deux monarques se donnèrent la main en silence et entrèrent seuls dans une grande salle.

Un silence de mort régnait dans le château, malgré la présence de tant d'hommes. Tous sentaient vivement, profondément, la gravité du moment; même le visage de l'orgueilleux comte de Bismarck était empreint d'une singulière émotion. Ce souverain si rapidement vaincu, renversé, prisonnier, dominait l'Europe entière depuis tant d'années et se mêlait à tous les événements de l'univers ! Le vent soufflait dans les grands arbres du parc. La présence d'un Dieu vengeur se faisait sentir plus vivement que de coutume par tous les spectateurs de cette scène terrifiante. Après un certain temps, les portes s'ouvrirent. Le roi Guillaume s'avança, visiblement ému. L'Empereur prisonnier le reconduisit jusqu'à l'escalier. Il resta là, immobile, la tête appuyée sur sa main gauche ; dans la droite, un mouchoir trempé de ses larmes.

Le roi Guillaume monta à cheval. L'Empereur prisonnier le suivit peu de temps après.

« Que tout l'univers contemple ce spectacle, dit Rethel : le superbe s'en va ainsi renversé, détrôné, écrasé par la main vengeresse du Tout-Puissant ! »

V

CONCLUSION. — PROPHÉTIES DE RHÉTEL

La paix était signée. Des troupes allemandes quittaient la France, et des prison-
niers français rentraient d'Allemagne. Le
comte Rethel habitait sa maison de campagne
à quelques lieues de Paris. Ce pays, si riche
autrefois, était cruellement dévasté : des maisons brûlées, des champs saccagés, des exis-
tences brisées !

L'orgueil, la vanité, la volupté, des besoins effrénés de luxe, de confort, avaient
garni ces villas de tout ce qui pouvait flatter
et satisfaire le goût, les passions des Pari-

siens dépravés! Que de péchés contre les commandements de Dieu s'étaient commis là! Ces délicieuses villas appartenaient en grande partie aux opulents bourgeois de Sodome et de Gomorrhe. Le châtiment de Dieu tomba donc aussi sur ces maisons de plaisance des Parisiens, non point en pluie de feu comme à Sodome, mais en une guerre sauvage.

Toute joie, toute richesse disparurent des villas! Les Parisiens étaient en fuite, les uns exilés sur la terre étrangère; les autres, enfermés dans Paris, y mouraient de faim et remplaçaient les voluptueux festins par la chair immonde des chiens, des chats et des rats. Les soldats allemands s'établirent dans les châteaux, s'étonnant d'une élégance inconnue dans leur pays. Bientôt ils brûlèrent ces meubles magnifiques, transformèrent ces somptueux salons en écuries pour leurs chevaux. Désormais Sodome était ruinée! Sur Paris même tombaient les bombes allemandes! Plus tard, les projectiles des Français, armés contre des Français; jusqu'à ce qu'enfin une horde infernale, se retrouvant dans son élément, se mit à détruire Paris dans les flammes.

Le comte Rethel reconnaissait partout la main de Dieu dans ces horreurs et cette destruction. « Le Seigneur reste éternellement le même ! disait-il. C'est lui qui chassa nos premiers parents du Paradis terrestre, et qui maudit la terre à cause du péché ! Il anéantit l'humanité criminelle dans les flots du déluge universel ; c'est lui qui renversa des empires et détruisit des nations du souffle de sa bouche. Il rappelle à la France éperdue qu'il vit encore ! De même que jadis il arma les Philistins contre Israël prévaricateur, de même il pousse aujourd'hui les Allemands contre la France coupable et rebelle. Pauvre France, comprendras-tu l'avertissement céleste ? Reconnaîtras-tu le doigt de Dieu, et te convertiras-tu à ce Dieu qui t'appelle ? »

Telles étaient les pensées fréquentes de ce vieillard bien éprouvé, car un seul de ses trois fils revint de la guerre ! Les malheurs

inouïs de sa patrie l'accablaient. Sa colère
contre les Prussiens était presqu'aussi violente que sa douleur! Les journaux français
publiaient journellement des récits effrayants
d'actes cruels et barbares des soldats allemands. Partout les Prussiens étaient peints
comme des sauvages, des incendiaires, des
monstres, des assassins. Le nouvel empire
d'Allemagne lui portait ombrage également
et lui semblait une menace permanente contre
l'indépendance de la France. Le comte Rethel coulait de tristes jours, brisé par le cha-
grin et dévoré de haine et de ressentiment.
Il parlait peu, et jamais un sourire ne vint
illuminer ses traits assombris. Tout à coup,
le comte parut transformé : Les journaux ap-
portaient d'Allemagne d'étranges nouvelles
qui le réjouissaient. Il connut l'existence
d'une secte religieuse qui, rejetant la doctrine infaillible du Pape, est favorisée, pro-
tégée par les gouvernements allemands; il
apprit aussi la suppression et la persécution
des journaux catholiques en Alsace et en Lor-

raine, ainsi que les attaques réitérées contre les intérêts catholiques. Et quand le comte lut ces nouvelles, il devint plus calme, plus rasséréné.

Un jour même, il pria son fils de l'accompagner à Tivoli, un endroit de plaisir, fréquenté assidûment par les officiers allemands

« A Tivoli ! mon père... fit le jeune homme étonné, oubliez-vous que les Allemands seuls s'y rendent tous les soirs. »

« C'est justement pourquoi nous y allons ; il me faut quelques éclaircissements, une certitude sur une question importante. »

Les deux comtes allèrent à Tivoli. Ils s'assirent à une table où se trouvaient plusieurs officiers prussiens causant avec animation.

Le vieux comte, sachant parfaitement l'allemand, se mêla à la conversation, qu'il sut bientôt amener adroitement sur le sujet qui le préoccupait si vivement. Bientôt on discuta la position du nouvel empire allemand vis-à-vis du Saint-Siége.

« Il n'est plus permis de douter, dit un colonel titré, que l'on songe, dans les hautes régions gouvernementales, à fonder une Eglise nationale. Il est temps d'annihiler les influences pernicieuses de Rome ! »

« Bien entendu, dit un major; le romanisme fut un danger perpétuel pour l'Allemagne. Les Empereurs, au Moyen-Age, durent lutter constamment contre l'ambition des Papes. On ne mettra fin à ces troubles, à ces tracasseries, dans le nouvel empire, qu'en détachant l'Allemagne de Rome. »

« Ce sera difficile, dit le comte ; comment y arriver, même? L'Allemagne compte plusieurs millions de catholiques qui voudront rester fidèles au chef de l'Eglise. »

« Les catholiques doivent se soumettre, répondit impérieusement le colonel ; un gouvernement fort peut tout ce qu'il veut, et le gouvernement allemand est assez fort pour fonder une Eglise telle qu'il la faut au nouvel empire allemand. »

« Prince Bismarck est un fin politique, dit

le comte. Depuis dix-huit siècles, les plus puissants souverains ont succombé dans les combats contre l'Eglise; Bismarck ne commettra pas la faute politique de lui déclarer la guerre. »

Les officiers sourirent avec ironie.

« Je ne connais pas les desseins du grand-chancelier, dit un major; mais la guerre religieuse est déjà commencée. Le Gouvernement protége les professeurs ecclésiastiques excommuniés par les Evêques. Ces professeurs excommuniés instruisent la jeunesse, en dépit des Evêques et du Pape, dont ils rejettent l'infaillibilité. Les Gouvernements payen tré gulièrement les émoluments aux prêtres interdits par le Pape. Voilà qui est déjà plus qu'une déclaration de guerre, mais bien une escarmouche d'avant-poste, si je ne me trompe. »

« Certainement, s'écria joyeusement le comte; mais ces nouvelles sont-elles positives? »

« Vous pouvez y compter, dit le colonel;

tous les journaux allemands en parlent. Tenez, lisez vous-même, dit le major en tirant un journal. »

« La guerre contre l'Eglise a commencé sans aucun doute dans quelques Etats allemands. Quelle en sera l'issue ? »

« La victoire des Germains sur les Latins, dit le colonel. La puissance papale sera anéantie en Allemagne. Dans dix ans, l'Empereur sera seul chef politique et religieux de tous les Allemands, comme en Russie, Moines et Romains sont morts, chassés, convertis ! L'Eglise nationale allemande satisfait tous les besoins religieux, très-restreints du reste, chez les hommes éclairés de nos jours. »

« Napoléon Ier, dit le comte tout joyeux, eut aussi l'idée de fonder une Eglise nationale. Il voulut détacher la France de Rome ! Un accident empêcha la réalisation du plan impérial ! Napoléon fut renversé et mourut en exil ! C'est pourquoi, Messieurs, il y a encore en France, des évêques, des prêtres et des catholiques ! et un Pape à Rome ! »

« A l'époque du premier Napoléon, dit le colonel, les événements n'étaient pas propices à une Eglise nationale; c'est autre chose aujourd'hui, en Allemagne, du moins. Le besoin se fait sentir d'une religion répondant aux idées actuelles. De là provient la vive opposition, en Allemagne, à la présomption du Pape de se poser en docteur infaillible et d'asservir ainsi les consciences.

« La révolte est générale et le moment propice de détacher complètement l'Allemagne de Rome. »

« Voilà des nouvelles qui m'intéressent et me plaisent singulièrement, dit le comte. Quelle est donc l'idée conçue en Allemagne, du doctorat infaillible du Pape ? »

« Une très-juste, répondit le major; le Pape infaillible peut inventer à son gré tous les articles de foi; il peut présenter la chose la plus sotte comme vérité divine; il a le droit de forcer les catholiques, de croire toutes ces folies, en les menaçant de ses malédictions et excomunications. »

4.

« N'oubliez pas surtout la prétention du Pape de déposer les princes qui ne règnent selon ses goûts et sa volonté, compléta le colonel. La fantaisie vient-elle à un Pape de commencer la guerre contre une nation hérétique, les soldats catholiques devraient marcher et obéir. »

« Les pauvres catholiques doivent en plus, assura le major, payer le denier de Saint-Pierre, tant que le Pape l'exige. Personne ne peut s'opposer à ces violences papales, car ce que l'infaillible ordonne, engage toutes les consciences. »

Le comte écoutait avec étonnement ces étranges explications; elles lui paraissaient si ridicules, qu'il retint avec peine un écla^t de rire intempestif.

« Je trouve très-naturelle la colère des bons Allemands contre les prétentions révoltantes de ce Pape, dit-il. Je ne comprends pas l'audace de ce vieux moine romain, de frapper ainsi grossièrement en plein visage la civilisation moderne. »

« Le Pape ambitionne, convoite les droits, les pouvoirs, les prérogatives de l'Etat : il se pose en nouveau Dieu ! »

« Croyez-vous donc, Monsieur, demanda le comte, que l'Etat soit aussi une sorte de nouveau Dieu ? »

« Dans l'idée de Dieu, je ne veux pas unir le sentiment de la superstition, dit le colonel. Chaque écolier sait aujourd'hui que ce Dieu n'existe pas. Je dis simplement que l'Etat ayant seul toute-puissance sur toutes choses, a le droit également de fonder une nouvelle religion, répondant aux besoins de l'époque : une Eglise nationale, par conséquent. »

« Bien entendu, Monsieur, dit Rethel. Du moment que l'ancien Dieu est détrôné en Allemagne, il en résulte nécessairement que l'on en a fini également avec l'ancienne religion. La puissance civile étant, par contre, le nouveau Dieu allemand, a le droit de fonder une religion d'Etat, toute agréable aux goûts et aux aspirations des bons Allemands·

J'étais loin de supposer, Monsieur, que l'on fût si horriblement avancé en Allemagne. »

Les officiers furent flattés, car ils ne remarquaient pas la fine ironie du comte.

« La victoire des Germains est complète, dit orgueilleusement le major; la force allemande, l'intelligence allemande ne triomphent pas seulement sur les champs de bataille, mais bien sur tous les domaines! »

« Cependant les soldats allemands affichent ouvertement leur foi religieuse, dit le comte; leur piété et leur esprit religieux ont frappé, en France. On a même été jusqu'à attribuer à cette piété, à cette moralité, vos succès extraordinaires, vos brillantes victoires; tandis que notre armée fut constamment vaincue, parce qu'elle est impie, incrédule, anti-chrétienne. L'armée allemande a toujours triomphé, parce qu'elle a gardé la crainte du Seigneur! »

« Quelle illusion! dit le colonel; nos victoires n'ont rien à faire avec la religion. Je ne puis nier cependant, qu'en Allemagne les basses classes de la société ne soient infestées de superstition. La future Eglise nationale guérira sans doute le peuple imbécile de cette maladie. »

« Oui, si le peuple imbécile est assez complaisant pour changer la religion de son ancien Dieu contre celle de l'Etat, dit gaiement le comte. Mais je crains que le prince de Bismarck, partout victorieux, ne soit pas assez fort pour pousser la masse du peuple dans les rangs de l'Eglise nationale. Peines et argent seront donc perdus, car les hautes classes n'ont pas besoin d'Eglise, et le peuple croyant tient à son ancien Dieu ! Enfin, messieurs soyez bien convaincus que cet ancien Dieu ne souffre pas de rival. Les éclairs brûleront cette église nationale ; son geste détruira cet empire, qui se révolte en naissant contre sa toute-puissance ! »

Le vieillard se leva, laissant les officiers tout interdits de leur erreur, et il regagna sa voiture. Le fils du comte, n'ayant pas compris un mot de la discussion, était tout surpris de la vivacité de l'entretien de son père avec les officiers ennemis. Son étonnement grandit encore en apprenant le motif de la joie de son père. « Comment, mon père, pouvez-vous vous réjouir de la persécution de otre Eglise ? »

« Je déplore la persécution de notre Eglise, mon enfant. Ma joie a une tout autre cause ! Si les journaux allemands disent la vérité, si les officiers allemands ont bien apprécié l'esprit de leur gouvernement, le nouvel empire germanique déclarera alors la guerre au Tout-Puissant protecteur de l'Eglise catholique et du Saint-Siége. Et, la même main qui anéantit tous les ennemis du Pape et les persécuteurs de l'Eglise, briserait aussi l'empire allemand. Les fous ! Pensent-ils vraiment que Dieu fera une exception pour l'empire lalemand ! Croyent-ils pouvoir réaliser ce que, depuis dix-huit siècles, ont vainement tenté les princes les plus puissants : « La ruine de » l'Eglise de Dieu et de son Représentant sur » la terre. » L'ancien Dieu vit toujours ! Cou-

rage donc, ô orgueilleux empire teutonique !
Courage ! Assiége les roches de Pierre ! Opprime l'Eglise ! ta condamnation est déjà prononcée ! Dieu tient sa parole, il l'a établie pour la protection du Pape et de l'Eglise ! Les portes de l'enfer ne prévaudront point contre elle ! »

La voiture s'arrêta devant le château du comte. Cette discussion avait extrêment agité ce vieillard de soixante-treize ans. Il était très mal le lendemain.

Il demanda lui-même le prêtre. Puis, appelant ses filles et son fils, il se fit lire par ce dernier l'entretien de Pie VII et de Napoléon à Fontainebleau ; le page l'avait transcrit mot à mot. Le mourant écouta attentivement.

« Mes enfants, dit le comte d'une voix faible, travaillez de toutes vos forces à la régénération morale et religieuse de la France ! C'est là qu'est, pour notre malheureuse patrie, le salut, la grandeur et la vie ! Humiliez-vous et obéissez aux commandements de

Dieu ! N'oubliez jamais que l'ancien Dieu existe éternellement ! Seul et unique maître de l'univers ! Arbitre du sort des individus et des nations ! Servez avec amour, crainte et respect Celui dont le firmament est le trône, l'univers le marchepied ! »

La tête du vieillard, épuisée, retomba sur l'oreiller ; le comte Joseph de Rethel était mort.

FIN.